INVENTAIRE
V13957

CATÉCHISME MUSICAL

OU THÉORIE GÉNÉRALE
DU SON ET DU RHYTHME

SUR UN PLAN ENTIÈREMENT NOUVEAU,
propre à faciliter l'étude de la musique

PAR

MAURICE DELCAMP

EX-PROFESSEUR DE L'ÉCOLE MILITAIRE ÉGYPTIENNE, DE HUSSEIN-BEY, FILS DE MEHEMED-ALY, ET DE AHMED-BEY, FILS D'IBRAHIM-PACHA;
MUNI DE DEUX DIPLOMES DÉLIVRÉS PAR L'UNIVERSITÉ DE FRANCE.

PREMIÈRE PARTIE:
THÉORIE MUSICALE.
APPLICABLE A TOUS LES SOLFÈGES,
Suivie de quelques exercices sur la gamme naturelle et sur les mesures.
La deuxième partie se compose d'un petit solfège, suivi de seize morceaux de chants: les deux parties se vendent séparément.

PRIX : 1 FR. 25 C.

Notre musique, telle qu'elle est, est déjà trop compliquée, tout le monde en convient, et après avoir célébré les auteurs de nos systèmes, il sera juste un jour de célébrer davantage ceux qui les réduiront à leur juste valeur... Notre musique est réellement trop surchargée. (GRÉTRY).

NOTA.
Le lecteur est prié de ne pas confondre, le Catéchisme musical qui n'est autre chose qu'un perfectionnement des méthodes suivies en Europe, avec ma nouvelle notation, laquelle est un système de signes.

OUVRAGES DU MÊME AUTEUR :

NOUVEAU SYSTÈME DE NOTATION MUSICALE destiné à remplacer le système usuel et le plaint-chant : 128 pages de texte, et près de 60 pages d'exercices de solfège. . . . 4 »	UTILITÉ DE LA MUSIQUE. . . . . 1 »
APERÇU DU NOUVEAU SYSTÈME. . » 50	Recueil de près de 40 morceaux de chant écrits selon la nouvelle écriture . . . 1 50
CRITIQUE DE LA NOTATION PAR CHIFFRES, suivie de fragments mélodiques écrits parallèlement avec les trois écritures . . . . » 50	ALBUM DE CHANTS ÉCRITS SELON LE SYSTÈME USUEL AVEC ACCOMPAGNEMENT DE PIANO. Édition à bon marché sans accompagnement de piano.

PARIS.
CHEZ CHAILLOT, ÉDITEUR, rue Saint-Honoré, 354 ;
CHEZ PATÉ, passage du Grand-Cerf, 26 ;
ET CHEZ L'AUTEUR, rue Montmartre, 155.

Imp. de JULES-JUTEAU, RUE ST-DENIS, 341.

CATÉCHISME MUSICAL

OU THÉORIE GÉNÉRALE

DU SON ET DU RHYTHME

SUR UN PLAN ENTIÈREMENT NOUVEAU,

propre à faciliter l'étude de la musique

PAR

MAURICE DELCAMP

[illegible]

PREMIÈRE PARTIE.

THÉORIE MUSICALE.

[illegible]

PRIX : 1 FR. 25 C.

[illegible]

OUVRAGES DU MÊME AUTEUR

NOUVEAU SYSTÈME DE NOTATION MUSICALE [illegible]

APERÇU DU NOUVEAU SYSTÈME

THÉORIE DE LA NOTATION PAR CHIFFRES [illegible]

ALBUM DE CHANTS [illegible]

PARIS.

[illegible], ÉDITEUR, rue Saint-Honoré, [illegible]

[illegible]

PRÉFACE.

On sera peut-être surpris de voir, après la nouvelle notation que j'ai publiée, une méthode relative aux signes usuels.

Le système que j'ai publié est laissé à l'appréciation et au zèle des académies et des administrateurs publics, sans abdiquer cependant les moyens personnels que je puis avoir d'agir sur les instituteurs et sur l'opinion publique, pour faire triompher dans le monde civilisé ma nouvelle théorie. La pratique d'un nouvel alphabet ne pouvant pas se faire immédiatement après son apparition, et mon titre de professeur de musique, m'imposant la condition expresse de suivre, dans certains établissements publics ou privés, le système usité, j'ai dû faire, pour quelques-uns de mes élèves, un traité sur la théorie de la musique.

Le Catéchisme Musical n'est donc que l'exposition de la théorie musicale, selon les signes adoptés dans les écoles de l'Europe, et en particulier au Conservatoire de Paris.

Cependant, familiarisé avec les principes musicaux et les difficultés de cet art, comme on doit l'être quand on est auteur d'un alphabet nouveau, j'ai apporté, dans le plan général, dans les définitions et dans la technologie, des changements notables qui faciliteront l'intelligence de la musique.

Je puis même certifier que l'adoption du Catéchisme Musical serait, selon moi, une grande réforme opérée dans l'étude théorique de la science qui m'occupe, dans l'art de lire vocalement un air, et dans celui de comprendre et d'observer la mesure.

J'ai cru faire précéder chaque fait d'une demande, afin que des professeurs non-musiciens, puissent faire réciter les élèves de musique. Nous avons donc agi contrairement à l'habitude qu'ont certains méthodistes, de grouper les demandes à la fin de chaque chapitre. Cependant les matières sont rédigées de manière à établir la connexité nécessaire pour les rendre indépendantes des demandes.

Les personnes qui voudront connaître les nouveaux moyens que j'emploie pour faciliter l'intonation et l'observation de la mesure, pourront consulter ma nouvelle notation: les limites que je me suis tracées, dans le Catéchisme Musical, ne me permettant pas d'en parler.

CATÉCHISME MUSICAL.

THÉORIE DU SON ET DU RHYTHME.

Qu'est-ce que la musique ?

La musique est l'art de reproduire, après ou sans une étude préalable, par la voix ou par un instrument de musique, tous les airs, et de les écrire par des signes reçus, s'ils existent seulement dans la mémoire.

Le but de la musique est d'émouvoir l'âme.

Le compositeur, par le choix judicieux qu'il fait des sons et des rhythmes, prépare les matériaux, et le chanteur ou l'instrumentiste, fait naître dans l'âme des auditeurs, la joie, la tristesse, l'étonnement ou l'admiration, si la pensée de l'auteur est bien interprétée par le musicien.

En combien de parties se divise la musique ?

La science musicale se divise en quatre parties : la composition mélodique, l'harmonie, la musique vocale et la musique instrumentale.

La composition mélodique est l'art de faire des mélodies de manière à émouvoir l'âme et à flatter le système nerveux par une savante combinaison de sons et de rhythmes.

L'harmonie est l'art de combiner des sons qui, entendus simultanément, produisent des sensations agréables, et dont la combinaison conséquemment doit être basée sur les règles de cette science. Le mot composition se dit aussi de la mélodie et de l'harmonie. Le compositeur est donc celui qui connaît les lois de la mélodie et de l'harmonie.

La musique vocale est l'art de reproduire les airs par la voix.

La musique instrumentale est l'art de reproduire les airs avec un instrument de musique.

Quels sont les deux faits qui constituent la musique ?

Les deux faits qui constituent la musique et auxquels tous les autres se rattachent respectivement, sont :

Le son, fait appartenant à la physique ;

Le rhythme, fait appartenant à l'arithmétique.

La musique vocale, ou la musique en général, se divise donc en deux parties : le son et le rhythme.

DU SON.

I. — DU SON EN GÉNÉRAL.

Qu'est-ce que le son ?

Le son, bien différent du bruit, est le produit de la voix, ou d'un instrument de musique, ou de tout autre corps sonore dont le rapport avec d'autres sons peut être facilement déterminé.

L'homme qui a l'organe auditif et vocal dans un état normal, et non dans un état d'infirmité, produit naturellement et sans efforts une série de sept sons générateurs suivis d'un huitième, et de dix sons intermédiaires, en tout dix-sept sons primordiaux.

Il y a donc deux espèces de sons : les sons générateurs et les sons intermédiaires.

Les sons générateurs, au nombre de sept, existent indépendamment des sons intermédiaires. Ils sont appelés générateurs parce qu'ils donnent naissance aux dix sons intermédiaires : c'est avec ces éléments qu'on forme l'air type, qu'on appelle gamme, le fait le plus important de la musique.

II. — DE LA GAMME OU DES SONS GÉNÉRATEURS.

Qu'est-ce que la gamme ?

La gamme, qui est un fait complexe, se compose d'une série de huit sons : tous les hommes la reproduisent facilement. Chacun d'eux a des propriétés particulières que les compositeurs et les professeurs surtout, doivent bien connaître ; elles existent toujours et sont respectivement les mêmes, quelle que soit l'acuité ou la gravité du premier son qui est la base, le fondement des sept autres, et dont l'existence a toujours lieu réellement ou mentalement. Le huitième, en montant, a les mêmes propriétés que le premier : il est le dernier de la première gamme et le premier d'une gamme supérieure. Le nombre des vibrations qui le produit est double de celui qu'il faut pour donner le premier, et les sons successifs au-dessus du huitième, qui forment une seconde gamme, sont produits chacun par un nombre de vibrations proportionnel à celui que produit les sons correspondants de la première gamme. De là il faut conclure que toutes les gammes du même genre, sont semblables quoique inégales : comme plusieurs triangles de même espèce qui portent le même nom, sont semblables, quoique inégaux, puisqu'ils conservent les mêmes propriétés, quelle que soit l'inégalité de leurs côtés. (fig. B.)

NOMS QU'ON DONNE AUX ÉLÉMENTS DE LA GAMME.

Quels sont les différents noms qu'on donne à la gamme ?
Pour des raisons prises dans le vaste domaine de la science musicale, les huit sons de la gamme ont quatre espèces de noms, qui sont : les noms gammiques, mnémoniques, numériques et harmoniques.

1. NOMS GAMMIQUES.
Quels sont les noms gammiques des sept sons primordiaux ?

Le 8e	»	huitième.
Le 7e	»	septa.
Le 6e	»	sixta.
Le 5e	»	quinta.
Le 4e	»	quarta.
Le 3e	»	tierça.
Le 2e	»	seconda.
Le 1er	s'appelle	prima (1).

2. NOMS MNÉMONIQUES.
Quels sont les noms mnémoniques des éléments de la gamme naturelle ?

Le 8e	»	do.
Le 7e	»	si.
Le 6e	»	la.
Le 5e	»	bol (2).
Le 4e	»	fa.
Le 3e	»	mi.
Le 2e	»	ré.
Le 1er	s'appelle	do.

A quoi donne-t-on encore le nom de gamme ?
Par métonymie, on donne le nom de gamme à la série monosyllabique, *do, ré, mi, fa, bol, la, si, do* : de là on dit, système polygammique ou monogammique.

Qu'est-ce qu'un système polygammique ?
Un système polygammique est celui qui admet autant de séries monosyllabiques, dans la solmisation, qu'il y a de gammes pratiquées par les instruments. Dans ce système les noms mnémoniques des sons sont communs au chanteur et à l'instrumentiste ; c'est ce qui se pratique au Conservatoire de Paris et dans presque toutes les écoles de l'Europe.

Qu'est-ce qu'un système monogammique ?
Un système monogammique est celui qui n'admet, dans la solmisation de toutes les gammes majeures, qu'une seule série monosyllabique qui est *do, ré, mi, fa, bol, la, si, do*; et la série *la, si, do, ré, mi, fa, bol, la*, ou la première modifiée pour la solmisation de toutes les gammes mineures. Dans ce système les noms mnémoniques des sons sont presque toujours différents de ceux donnés par l'instrumentiste, lequel suit toujours le système polygammique : le système de J.-J. Rousseau est exclusivement monogammique.

De combien de manière peut-on reproduire un air ?
Le monosyllabe le plus naturel qui peut servir dans l'émission du son, est incontestablement la voyelle *a*; mais comme moyen mnémonique l'emploi des mots do, ré, mi, fa, bol, la, si, est bien préférable pour les commençants ; parce que la différence de la disposition des organes vocaux, pour la prononciation de chaque nom monosyllabique aide beaucoup à saisir la différence qui existe entre chaque son.

Un air peut donc être reproduit de quatre manières : par la solmisation, par la vocalisation, par les paroles et par un instrument.

Qu'est-ce que la solmisation ?
La solmisation consiste à reproduire un air en donnant à chaque son le nom mnémonique qui l'exprime : le verbe *solfier* exprime cette action.

Qu'est-ce que la vocalisation ?
La *vocalisation* consiste à reproduire un air en donnant à chaque son le nom de la voyelle *a, é, i, o, u, ou*; dans ce cas, on choisit de préférence l'*a*; le verbe vocaliser exprime cette action.

Qu'est-ce que le chant ?
Le *chant* consiste à reproduire un air en nommant chaque syllabe des mots qui répondent aux sons : le verbe *chanter* exprime cette action. Chanter est le moyen le plus difficile de

---

(1) J'emploie l'intuition pour certains faits, jusqu'à modifier la disposition typographique : il faudra donc lire souvent de bas en haut. Dans les méthodes ordinaires on se sert des mots, tonique, sous-médiante, médiante, sous-dominante, dominante, sus-dominante et sensible.

(2) *Bol* est préféré à *sol*, parce qu'on met dans l'emploi si fréquent des noms mnémoniques une articulation de plus, en supprimant un *s* qui se trouve déjà dans *si*; parce qu'on évite deux exceptions à deux règles générales relatives aux noms des sons intermédiaires. (*Voyez* les sons intermédiaires).

reproduire un air, aussi, généralement, doit-on *solfier* d'abord, puis *vocaliser*, avant de chanter.

Qu'est-ce que l'exécution ?

L'*exécution* consiste à reproduire un air en agissant par un moteur quelconque sur la partie d'un instrument répondant respectivement à chaque son de l'air : le verbe *exécuter* exprime cette action.

3. NOMS NUMÉRIQUES.

Quels sont les noms numériques des éléments de la gamme ?

Le 8ᵉ	»	8ᵉ degré.	Comme mi fa et si do sont très-rapprochés,
Le 7ᵉ	»	7ᵉ degré.	comparativement aux autres sons, on dit mon-
Le 6ᵉ	»	6ᵉ degré.	ter ou descendre d'un degré, d'un demi-degré,
Le 5ᵉ	»	5ᵉ degré.	de deux degrés, de deux degrés et demi, etc.
Le 4ᵉ	»	4ᵉ degré.	En général, le mot degré se dit plus parti-
Le 3ᵉ	»	3ᵉ degré.	culièrement des signes de position de la portée.
Le 2ᵉ	»	2ᵉ degré.	
Le 1ᵉʳ s'appelle 1ᵉʳ degré.			

4. — NOMS HARMONIQUES.

Quels sont les noms harmoniques des éléments de la gamme ?

L'harmonie étant cette partie de l'art musical où l'on traite des règles qui régissent la reproduction simultanée de sons différents, cet art doit donner des noms particuliers à chaque son comparé à un son quelconque qu'on pourrait choisir comme la base d'une nouvelle gamme ou d'un nouvel accord, et qui porte alors le nom de prima-passager ou fondamental. Le son immédiatement supérieur ou inférieur s'appelle *second* ; le 3ᵉ au-dessus ou au-dessous, *troisième*; ainsi de suite jusqu'au 9ᵉ, 10ᵉ, 11ᵉ, 12ᵉ, etc.

Le nom harmonique varie beaucoup ; c'est son rapport numérique avec un son pris arbitrairement pour point de départ ou de comparaison qui en détermine le nom.

III. — DES INTERVALLES (1).

Qu'est-ce qu'un intervalle ?

Le son étant le produit d'un nombre de vibrations, quantité qu'il importe peu de connaître, le son plus aigu qu'un autre est donc produit par un nombre plus grand de vibrations : le son plus grave est donc produit par un nombre plus petit de vibrations. De la comparaison d'un son à un son plus aigu ou plus grave naît l'intervalle. Une échelle ordinaire est l'image d'une série de sons successifs : les barreaux rappellent les sons et la distance d'un barreau à un autre rappelle l'intervalle.

Dans une échelle ordinaire les barreaux sont à distances égales ; mais la gamme ne présente pas cette régularité monotone comme on le verra bientôt.

L'intervalle est donc la différence qui existe entre deux sons produits par des nombres différents de vibrations, en d'autres termes, c'est la différence qui existe entre les deux nombres de vibrations produites par chacun des deux sons. Le mot intervalle signifie encore, la distance d'un son à un autre.

On peut déduire de cette définition que les intervalles sont innombrables ; cependant les musiciens en ont déterminé plusieurs genres.

Quels sont les principaux genres d'intervalle ?

L'intervalle de second (2).   L'intervalle de sixième.
L'intervalle de troisième.   L'intervalle de septième.
L'intervalle de quatrième.   L'intervalle de huitième.
L'intervalle de cinquième.   L'intervalle de 9ᵐᵉ, 10ᵐᵉ, 11ᵐᵉ, 12ᵐᵉ, etc.

En combien d'espèces les intervalles se divisent-ils ?

Les genres d'intervalles se subdivisent généralement en quatre espèces, qui sont exprimées par les mots : *mineurs, majeurs, diminués* et *augmentés* (3).

Quels sont les petits et les grands intervalles de la gamme ?

Dans la série des huit sons qui constitue la gamme majeure, il y a les petits intervalles e

---

(1) Le mot *ton* ayant dans le système usuel quatre ou cinq significations, en outre étant usité en dehors même de la musique, je l'ai complétement banni de mes théories ; je dis : chanter dans telle ou telle gamme, etc.

(2) Dans les solfèges, on dit : *seconde, quarte, tierce, quinte, sixte,* septième, *octave,* neuvième, dixième, etc. Ces mots sont illogiques parce qu'ils sont féminins, tandis que le mot son est du masculin ; puis ils ne sont pas uniformes dans leurs terminaisons.

(3) Je ne donne pas dans cet abrégé des détails sur ces quatre espèces d'intervalles qui intéressent plus le compositeur que le chanteur.

les grands intervalles : c'est à cette variété qu'on doit une des causes principales de la puissance de la mélodie, et surtout de l'harmonie.

Qu'est-ce qu'un petit intervalle ?

Le petit intervalle d'une gamme est celui dont les deux sons qui le limitent sont produits par des vibrations dont la différence est plus petite à peu près de la moitié de celles qui produisent les sons qui limitent le grand intervalle. La voix reproduit très aisément ces deux sons.

Combien y a-t-il de petits intervalles dans la gamme ?

Il y a deux petits intervalles dans la gamme majeure :

Le 1er se trouve du tierça au quarta, c'est-à-dire du *mi* au *fa*.

Le 2me, du septa au huitième, c'est-à-dire du *si* au *do*.

Qu'est-ce qu'un grand intervalle ?

Le grand intervalle d'une gamme est celui dont les deux sons qui le limitent, sont produits chacun par un nombre de vibrations, dont la différence est plus grande que dans ceux qui produisent les sons du petit intervalle : la voix les produit plus péniblement que ceux qui se rapportent au petit intervalle.

Combien y a-t-il de grands intervalles dans la gamme ?

Il y a cinq grands intervalles.

Le 5e du sixta au septa, ou du la au si.

Le 4e du quinta au sixta, ou du bol au la.

Le 3e du quarta au quinta, ou du fa au bol.

Le 2e du seconda au tierça, ou du rè au mi.

Le 1er se trouve du prima au seconda, ou du do au rè.

Faites la récapitulation des petits et des grands intervalles d'une gamme.

Voici, comme récapitulation, le tableau de de ces intervalles. (Lisez de bas en haut).

Du si au do, petit intervalle.
Du la au si, grand intervalle.
Du bol au la, grand intervalle.
Du fa au bol, grand intervalle.
Du mi au fa, petit intervalle.
Du rè au mi, grand intervalle.
Du do au rè, grand intervalle.

IV. — DU DIAPASON.

Le diapason est un petit instrument sonore qui donne, par l'action de l'homme, un son qu'on appelle *la* ; il est aux sons ce qu'est le thermomètre à l'air ; dans le langage musical, on dit : ce chanteur fait le huitième aigu ou grave du diapason, ou le cinquième, quatrième son, etc., aigu ou grave du diapason. Il est à peu près connu dans tous les pays où la musique est cultivée. On s'en sert : 1° pour mettre à l'octave ou à l'unisson d'un instrument le *la* réel ou fictif de tous les instruments de musique ; 2° pour produire le premier son d'un chant à une élévation relative à l'étendue de la voix du chanteur ; privé de ce moyen il est exposé à commencer trop haut ou trop bas, conséquemment à dénaturer la mélodie en sortant de la gamme primitive, ou en produisant certains sons un peu plus haut ou un peu plus bas que le comporte la mélodie écrite, en un mot, en *chantant faux*. Ce son doit être gravé dans la mémoire de telle manière qu'on puisse faire le *la* diapason sans l'instrument qui le produit, vu qu'on peut en être privé.

V. — DU DIAGRAMME OU DE L'ÉCHELLE MÉLODIQUE.

Qu'est-ce que le diagramme ?

Les sons générateurs étant bien compris ; l'image de la gamme naturelle étant bien gravée dans l'imagination, il sera facile de comprendre un des faits les plus importants de la musique, qui est l'échelle mélodique ou diagramme général. La connaissance de ce fait complexe facilitera l'intelligence de la théorie musicale et en particulier celle des instruments de musique.

L'échelle mélodique est le point de ralliement de tous les musiciens, chanteurs ou instrumentistes, c'est le terrain commun où ils se rencontrent tous. Le bon musicien connaît parfaitement les rapports de tous les éléments d'un orchestre avec l'échelle mélodique : sans cette connaissance, une exécution musicale compliquée est un véritable dédale.

Le diagramme est donc la série de tous les sons produits par les voix et les instruments de musique ; elle se compose donc d'une succession de gammes placées les unes au-dessus et les autres au-dessous d'une gamme fixe dont le *la* est à l'unisson du diapason. On prend comme terme de comparaison la gamme la plus connue, celle que toutes les voix produisent ainsi que la plupart des instruments ; les autres gammes perdent de leur harmonie en raison directe de leur éloignement de la gamme du diapason : de là on peut conclure que la 6e gamme et la 1re du piano, par exemple, ont beaucoup moins de valeur que les autres.

Pour donner une idée de l'importance de cette nouvelle manière de présenter un fait complexe si important, je vais donner l'étendue de quelques instruments. Les *pianos* fabriqués vers 1822 ont généralement six gammes; les pianos modernes font depuis le *do* de la 1re gamme jusqu'au *do* octave de la 6e, plus les 3/4 d'une autre gamme et quelquefois même une gamme de plus, c'est-à-dire sept. Mais si le piano est un des instruments les plus étendus, il a l'inconvénient grave de confondre les dièses avec les bémols, sons produits par des nombres de vibrations différents; ainsi au lieu de dix sons intermédiaires que renferment implicitement les gammes, cet instrument imparfait n'en donne que cinq. (fig. A.)

VI. — DE LA PORTÉE.

Qu'est-ce que la portée?

La portée est la réunion de cinq lignes parallèles placées à des distances égales les unes des autres, sur lesquelles les compositeurs placent les têtes des chiffres rhythmiques à une élévation à peu près proportionnelle à la place qu'elles occupent dans le diagramme.

La portée sert : 1° à peindre aux yeux en quelque sorte l'acuité ou la gravité des sons par la distance perpendiculaire qui existe entre la tête des chiffres. Elle est donc le signe intuitif du son qui monte ou qui descend ; c'est une véritable échelle vocale et instrumentale ; elle est d'un puissant secours pour le chanteur et surtout pour l'instrumentiste ; 2° à frapper l'œil par la disposition bizarre des chiffres ainsi placés, ce qui éveille les souvenirs de l'oreille, et facilite étonnamment la lecture musicale ; 3° à exprimer d'une manière claire et explicite tous les éléments successifs du diagramme, lesquels conservent toujours sur la portée la même position; de cette façon le musicien sait toujours à quel degré du diagramme appartient le son qu'il reproduit.

Elle exprime donc par des positions fixes, immuables, les sons donnés par les positions fixes, immuables d'un instrument quelconque. (fig. B.)

VII. — DES CLEFS.

Qu'est-ce qu'une clef?

Une clef est un signe qu'on place au commencement de la portée, et dont la partie caractéristique détermine une position linéaire, laquelle exprime le son annoncé par le nom de la clef. Le but de ce signe est d'éviter les lignes supplémentaires et de faciliter la solmisation monogammique. Il y a sept clefs, c'est-à-dire autant qu'il y a de sons naturels dans la gamme?

Donnez la liste des sept clefs.

La clef de bol, 2me ligne..... (voyez figure C.)

Déterminez le rôle de chacune des sept clefs.

Pour déterminer le rôle de chaque clef, nous allons prendre le *do* prima de la gamme du diapason, et conséquemment sixième grave de *la* diapason. (fig. C.)

Le do prima de la gamme du diapason est exprimé :
Sur la portée armée de la clef de BOL, — par la 1re ligne supplémentaire grave.
Sur la portée armée de la clef de DO 1re ligne, — par la 1re ligne de la portée.
Sur la portée armée de la clef de DO 2me ligne, — par la 2me ligne.
Sur la portée armée de la clef de DO 3me ligne, — par la 3me ligne.
Sur la portée armée de la clef de DO 4me ligne, — par la 4me ligne.
Sur la portée armée de la clef de FA 3me ligne, — par la 5me ligne.
Sur la portée armée de la clef de FA 4me ligne, — par la 1re ligne supplémentaire aiguë.

Quelle est la loi de succession des sons?

Dans la théorie musicale il y a un ordre invariable dans la suite des sons, comme dans la langue française il y a dans les lettres l'ordre alphabétique. Cette suite de sons s'appelle : *la loi de succession des sons*. Conformément à cette loi, après le *do*, par exemple, vient le *ré* en montant; après le *mi*, le *fa*, etc. Sur la portée, ces sons sont exprimés aussi par des signes de position qui se suivent.

La conséquence de cette règle, c'est que, la clef déterminant que telle position exprime tel ou tel son, les positions au-dessus ou au-dessous de ce point de départ se comptent à partir de cette première position.

Ainsi, par exemple, la partie caractéristique de la clef de bol se trouve sur la 2me ligne; donc cette ligne exprime le bol, donc le *la* est exprimé par l'interligne au-dessus; le *si*, par la 3me ligne, etc., etc. La partie caractéristique de la clef de *do* 1re ligne, se trouve sur la 1re ligne, donc cette ligne exprime un *do*, l'interligne au-dessous exprime un *si*, etc., l'interligne au-dessus exprime un *ré*, etc. Il en est de même des cinq autres clefs.

Comment exprime-t-on les sons?

Les sons sont exprimés par les positions linéaires et interlinéaires données par la portée et déterminées par la tête des chiffres rhythmiques. Le corps de la portée armée de la clef de bol exprime généralement la gamme du diapason et quelques sons graves ou aigus qui l'avoisinent. La clef de bol (sol) étant la plus usitée, nous allons énumérer les signes de positions que donne la portée armée de ce signe.

On sait déjà que la musique se compose de sept sons naturels, exprimés dans la solmisation par *do ré mi fa bol la si do*. La 2me ligne de la portée exprime le bol 2me grave de *la* diapason, qui se trouve exprimé par l'interligne au-dessus. D'après la loi de la succession des sons, si l'on descend vers le grave, on trouve bol fa mi ré do : le dernier exprime le prima de la gamme de *do*, appelée aussi gamme du diapason. (fig. B.)

Donnez les signes de position de la gamme de do *majeur?*

Le *do* de la gamme du diapason, la 5me du diagramme, est exprimé par la 1re ligne supplémentaire au-dessous de la portée; le *ré*, par le 1er interligne; le *mi*, par la 1re ligne; le *fa*, par le 2me interligne; le *bol*, par la 2me ligne; le *la*, par le 3me interligne; le *si*, par la 4me ligne; et le *do* prima huitième, par le 4me interligne.

Quelles sont les positions au-dessus du do *huitième?*

Le prima-huitième est le dernier son de la gamme du diapason et le premier d'une gamme plus élevée.

Le prima-huitième est donc exprimé, comme on vient de le dire, par le 4me interligne; le *ré* aigu, par la 4me ligne; le *mi* aigu, par le 5me interligne; le *fa* aigu, par la 5me ligne; le *bol* aigu, par le 6me interligne; le *la* aigu, par la 1re ligne supplémentaire; le *si*, par l'interligne au-dessus; le *do*, par la 2me ligne supplémentaire. Les sons encore plus aigus que les précédents sont successivement exprimés par des lignes supplémentaires et les interlignes qu'elles peuvent former.

Donnez les positions au-dessous du do *prima?*

Nous avons dit que le *do* prima est exprimé par la 1re ligne supplémentaire sous la portée; donc, le *si* grave est exprimé par l'interligne au-dessous de la 1re ligne supplémentaire; le *la* par la 2me ligne supplémentaire; et le *bol* par l'interligne au-dessous de la 2me ligne supplémentaire; les autres, encore plus graves, peuvent être exprimés par d'autres lignes supplémentaires et par les interlignes qu'elles forment.

Que fait-on pour éviter une trop grande quantité de lignes supplémentaires?

Pour éviter une trop grande quantité de lignes supplémentaires dans la partie supérieure de la portée, on écrit au-dessus du fragment le mot *octava* aigu, ce qui veut dire que les sons qui les composent doivent être élevés de huit degrés; pour éviter une trop grande quantité de lignes supplémentaires dans la partie supérieure de la portée, on écrit au-dessous du fragment : *octava au grave*, ce qui veut dire que les sons qui le composent doivent être descendus de huit degrés.

On emploie aussi pour éviter les lignes supplémentaires, au-dessous de la portée, une clef nouvelle, laquelle descend, non pas les sons, mais la tête des chiffres rhythmiques qui déterminent les positions : ces changements sont très rares.

VIII. — DES DIX SONS INTERMÉDIAIRES.

Qu'est-ce que les sons intermédiaires?

Les sons intermédiaires, appelés aussi accidentels, sont ceux qui sont placés dans les grands intervalles; ils doivent leur existence à une position accidentelle de l'âme qui, pour donner plus de force à la mélodie, bannit de la gamme des sons générateurs pour les remplacer par des sons différents, lesquels appartiennent à une gamme nouvelle dont les éléments dans un air sont plus ou moins nombreux. L'existence des sons accidentels augmente les petits intervalles de la gamme.

Combien y a-t-il d'espèces de sons intermédiaires?

La gamme, avons-nous déjà dit, renferme cinq grands intervalles; chacun d'eux peut recevoir deux sons intermédiaires, l'un très-rapproché du son aigu, et l'autre, du son grave, ce qui donne deux espèces de sons intermédiaires, dont les uns s'appellent dièses et les autres bémols.

DES DIÈSES.

Qu'est-ce que le dièse?

Le dièse est un son intermédiaire étroitement lié au son successif aigu, réel ou fictif, avec lequel il a des rapports de proximité et de tendance et duquel il est séparé par un petit intervalle : la voix qui le reproduit a généralement une grande tendance à faire le son *aigu*.

Comment s'exprime le dièse? (fig. D.)

Le dièse est exprimé par la même position que le son naturel qu'il remplace, affecté accidentellement d'un signe qui se compose de quatre lignes, lesquelles se coupent obliquement et se placent avant la tête du chiffre rhythmique.

Il est annoncé, mais rarement, par une petite croix qu'on appelle double-dièse: dans ce

cas, il se trouve généralement un dièse à l'armure. Son nom mnémonique est celui du son remplacé qu'on modifie en mettant après l'initiale un *i*.
Combien y a-t-il de dièses ?
Les dièses sont au nombre de cinq, qui sont : *di, ri, fi, bi, li*, mots dérivés respectivement de *do, ré, fa, bol, la*.

DES BÉMOLS.

Qu'est-ce que le bémol ?
Le bémol est un son intermédiaire étroitement lié au son successif grave, réel ou fictif, avec lequel il a des rapports de proximité et de tendance, et duquel il est séparé par un petit intervalle. La voix qui le produit a une tendance prononcée à faire le son *grave*.
Comment exprime-t-on le bémol ? (fig. D.)
Le bémol est exprimé par la même position que le son naturel qu'il remplace, affectée accidentellement d'un signe qui ressemble au b, lequel se place avant la tête du chiffre rhythmique.
Il est annoncé, mais rarement, par deux bémols qui se touchent et lesquels portent le nom de double-bémol; dans ce cas, généralement il se trouve déjà un bémol à l'armure. Le nom mnémonique est celui du son générateur qu'il remplace, qu'on modifie en mettant après l'initiale un *e muet*.
Combien y a-t-il de bémols ?
Il y a cinq espèces de bémols, qui sont *re, me, be, le, se*, dérivés de *ré, mi, bol, la, si*.

TABLEAU DES DIÈSES ET DES BÉMOLS.

Donnez le tableau des dièses et des bémols accidentels de la gamme de do. (*Lisez* : *do, re*, etc.) (fig. E.)

Nota. — 1° L'éloignement perpendiculaire du mot dérivé à un mot générateur est en rapport, à peu de chose près, avec le degré de proximité des deux sons qu'ils expriment;
2° Le son générateur le plus rapproché du son accidentel est attractif de celui-ci.

	DO	
	SI	
		LI
SE		
	LA	
		BI
LE		
	BOL	
		FI
BE		
	FA	
	MI	
		RI
ME		
	RÉ	
		DI
RE		
	DO	

IX. — DE LA GAMME MAJEURE ET DE LA MINEURE (1).

Combien y a-t-il de genres de gammes ?
Les gammes, considérées relativement à la place où se trouvent les petits intervalles, se divisent en deux genres : la *gamme majeure* et la *gamme mineure*.
Qu'est-ce qu'une gamme majeure ?
La gamme majeure est celle où les petits intervalles se trouvent du tierça au quarta et du septa au prima huitième : tout ce qui a été dit précédemment se rapporte principalement à ce genre de gamme.
Qu'est-ce qu'une gamme mineure ?
La gamme mineure est une série de huit sons, renfermant, comme la gamme majeure, cinq grands intervalles et deux petits, qui se trouvent du seconda au tierça ; et l'autre, du quinta au sixta. Cette gamme a souvent un dièse qui remplace le septa, lequel se fait très-facilement, surtout en montant, tandis qu'en descendant, généralement il disparaît.
Cette gamme est identique au fragment de la gamme majeure, *la, si, do, ré, mi, fa, bol, la*; donc en le reproduisant on fait la gamme mineure.
Elle est appelée mineure parce que l'intervalle du prima au tierça est plus petit que dans la gamme majeure; donc, le mot majeur en musique signifie *plus petit*.
On dit chanter, jouer, en majeur, en mineur, ce qui veut dire reproduire un air composé des éléments d'une gamme majeure ou d'une gamme mineure.

---

(1) Je bannis de la nouvelle théorie le mot *modé* qui ne sert qu'à augmenter la liste des mots de luxe. On dit chanter, jouer en majeur ou en mineur ; la gamme majeure, la gamme mineure.

TABLEAU DE LA GAMME MINEURE AVEC LES DIX SONS ACCIDENTELS AUXQUELS ELLE DONNE NAISSANCE ET DES DIX-SEPT NOMS MNÉMONIQUES.

Donnez la liste des sons naturels de la gamme mineure et des sons accidentels auxquels ils donnent naissance.

LA
    BI
LE
    BOL
        FE
BE   *
    FA
    MI
        RI
ME
    RÉ
        DI
RE
    DO
    SI
        LI
SE
    LA

RAPPORTS ENTRE LA GAMME MAJEURE ET LA MINEURE.

Quels sont les rapports qui existent entre la gamme majeure et la mineure?
Si l'on compare la gamme majeure à la mineure, on trouve qu'elles ont :
1. le même nombre de sons;
2. deux petits intervalles;
3. cinq grands intervalles;
4. cinq dièses entre les grands intervalles;
5. cinq bémols entre les grands intervalles;
6. les mêmes noms gammiques, prima, seconda; etc.
7. En outre de ce qui précède, on trouve que les noms mnémoniques des cinq dièses sont terminés par un *i*.
8. Les noms mnémoniques des cinq bémols sont terminés par un *e* muet.
9. La plupart des accords résultant des éléments de la gamme mineure portent respectivement le même nom que ceux de la gamme majeure et produisent relativement des effets semblables.
10. La plupart des modulations prolongées et passagères de la gamme mineure correspondent exactement et respectivement aux modulations de la gamme majeure.

X. — SÉRIE CHROMATIQUE.

Qu'est-ce qu'une série chromatique?
Si l'on reproduit successivement les sons générateurs et les dièses, on fait une *série chromatique par dièses;* donc une série chromatique par dièses est une succession de huit sons générateurs et des cinq dièses auxquels ils donnent naissance. (fig. F.)
Si l'on reproduit successivement les sons générateurs et les bémols, on fera encore une *série chromatique par bémols;* donc, une série chromatique par bémols est une succession de huit sons générateurs et des cinq bémols auxquels ils donnent naissance (fig. G.)

XI. — SÉRIE ENHARMONIQUE.

Qu'est-ce qu'une série enharmonique?
Si l'on reproduit successivement les huit sons générateurs, les dièses et les bémols, on fera une série *enharmonique;* donc, une série enharmonique est une succession de huit sons générateurs accompagnés de cinq dièses et de cinq bémols, se composant, en tout, de dix-sept sons. (fig. E.)
Quelles observations faites-vous sur les séries chromatiques et enharmoniques?
Nota. 1. Les séries chromatiques et enharmoniques ne sont généralement en usage dans toute leur étendue que dans quelques instruments; dans les chants elles ne se présentent que par fragments.
2. Les séries qui précèdent existent aussi avec les éléments de la gamme mineure.

XII. — DES MODULATIONS.

Qu'est-ce qu'une modulation?
Le mot *modulation* signifie action de moduler. *Moduler,* c'est passer d'une gamme majeure ou mineure à une gamme majeure ou mineure, en prenant pour prima un son générateur ou intermédiaire autre que le prima de la gamme précédente ; par là on change le rôle de tous les sons de cette gamme qui entrent dans la nouvelle. On dit donc : 1° *Moduler en majeur,* ou passer d'une gamme mineure à une majeure ; 2° *moduler en mineur* ou passer d'une gamme majeure à une mineure; 3° *moduler du majeur au majeur;* 4° *du mineur au mineur.*
Le but de la modulation est de donner plus de charme, plus de puissance à la mélodie.
Qu'est-ce que les gammes sympathiques?
Les gammes sympathiques sont celles qui renferment le plus grand nombre des sons de la gamme précédente ; le musicien module donc plus facilement avec ces gammes qu'avec les autres: la difficulté des modulations étant en raison directe du nombre de sons intermédiaires qui entrent dans la nouvelle gamme. Ainsi, en partant de la gamme majeure, gamme de *bol* majeur, celle de *fa* majeur ne renfermant qu'un son intermédiaire, et celle de *la* mineur, sont celles avec lesquelles on module le plus facilement ; en partant de la gamme mineure,

— 10 —

les gammes de *bol* mineur, de *fa* mineur et de *me* majeur, sont celles avec lesquelles on module le plus facilement.
Quel est le meilleur moyen de vaincre les difficultés des modulations?
Le moyen de vaincre la difficulté des modulations, consiste à s'identifier par la pensée, et dès l'apparition du premier son de la gamme nouvelle, avec cette même gamme, en reproduisant instantanément le prima, le tierça, le quinta et le prima-huitième.

XIII. — DES DIX-SEPT ESPÈCES DE GAMMES MAJEURES ET DES DIX-SEPT MINEURES.

Comment sont formées les différentes espèces de gammes ?
Le prima étant déterminé par un nombre quelconque de vibrations, tous les autres sons, comme il a été déjà dit, sont produits chacun par un nombre de vibrations conservant constamment avec le prima le même rapport ; ainsi, si le prima monte de 1, 2, 3, etc., degrés, ou demi-degrés, le seconda monte de 1, 2, 3, etc., degrés ; il en est de même du tierça, du quarta, du quinta, du sixta, du septa et du huitième. Si le premier son de l'air *Au clair de la lune*, qui est précisément le prima de la gamme dont cet air est formé, était produit successivement par cent nombres différents de vibrations, on aurait toujours le même air. De là on doit conclure qu'il y a dans la nature autant de gammes que de primas : elles sont aussi nombreuses que les feuilles qui ornent nos arbres, que les nuances des couleurs.
Mais la musique se compose aussi d'instruments dont les sons sont fixés, c'est-à-dire que le nombre des vibrations qui les reproduisent sont toujours les mêmes, au moins au point de vue de la théorie, et surtout si l'instrument est bien accordé au diapason.
On doit donc distinguer parmi ces milliers de gammes, celles qui sont données par les instruments les plus connus et conséquemment celles auxquelles les voix doivent s'habituer.
Combien y a-t-il d'espèces de gammes ?
Il existe, avons-nous dit, dix-sept primordiaux, qui sont exprimés par sept monosyllabes primorchaux, et dix dérivés. Voici le tableau de ces diverses gammes.

17ᵉ Gamme de SI, majeure ou mineure (2).
16ᵉ Gamme de LI, majeure ou mineure.
15ᵉ Gamme de SE, majeure ou mineure.
14ᵉ Gamme de LA, majeure ou mineure.
13ᵉ Gamme de BI, majeure ou mineure.
12ᵉ Gamme de LE, majeure ou mineure.
11ᵉ Gamme de BOL, majeure ou mineure.
10ᵉ Gamme de FI, majeure ou mineure.
9ᵉ Gamme de BE, majeure ou mineure.
8ᵉ Gamme de FA, majeure ou mineure.
7ᵉ Gamme de MI, majeure ou mineure.
6ᵉ Gamme de RI, majeure ou mineure.
5ᵉ Gamme de ME, majeure ou mineure.
4ᵉ Gamme de RÈ, majeure ou mineure.
3ᵉ Gamme de DI, majeure ou mineure.
2ᵉ Gamme de RE, majeure ou mineure.
1ʳᵉ Gamme de DO, majeure ou mineure (1).

Quand le chanteur est obligé de subir la loi de l'immutabilité des sons d'un instrument accordé au diapason, ou quand il rattache au diapason le prima de la gamme qui forme l'air qu'il veut reproduire, il ne chante que dans l'une de ces 34 gammes.

DE L'ARMURE.

Qu'est-ce que l'armure ?
L'armure est le nombre de dièses ou de bémols qui composent les sons générateurs d'une gamme.
Quelle que soit l'armure, dans les gammes majeures, les petits intervalles se trouvent du tierça au quarta et du septa au huitième, et dans les gammes mineures, du seconda au tierça et du quinta au sixta ; on doit se rappeler que, très souvent, du septa au huitième, il y a un petit intervalle formé par un dièse. (fig. H.)
Comment se divisent les gammes au point de vue de l'armure ?
Les 34 gammes considérées au point de vue de l'armure se divisent en gammes naturelles et artificielles. Les gammes naturelles sont celles qui n'ont pas d'armure ; ce sont : *do* majeur et *la* mineur. Les gammes artificielles sont celles qui ont une armure ; elles sont au nombre

---

(1) Les gammes majeures, *ri*, *bi*, *li* et leurs sympathiques mineures sont inusitées.
(2) Il faut ajouter aux 34 gammes celle de *dc*, identique sur les instruments à clavier à celle de *si*.

de 32 : di, re, rè, ri, etc. Toutes les gammes sont artificielles, excepté do majeur et la mineur. Elles se divisent en deux classes : les gammes à dièses et les gammes à bémols.

GAMMES MAJEURES A DIÈSES.

Comment se placent les dièses de l'armure ?
Les dièses permanents sont placés respectivement à des intervallees de cinquième en montant. Exemple : si l'armure se compose de trois dièses, le 1er est *fi*, le 2me *di*, cinquième *aigu* de *fi*, et le 3me bi, cinquième *aigu* de *di*.
Quel est l'ordre naturel des gammes à dièses ?
L'ordre naturel des gammes à dièses est basé sur leur rapport sympathique. Ce rapport existe quand les primas des deux gammes sont à un intervalle majeur de cinquième.
Quelle est l'espèce de son du prima des gammes à dièses ?
Toutes les gammes à dièses ont pour prima un son générateur, excepté fi et di.

GAMMES MAJEURES A BÉMOLS.

Comment se placent les bémols de l'armure ?
Les bémols permanents sont placés respectivement à des intervalles de cinquième en descendant. Exemple : si l'armure se compose de trois bémols, le 1er est *se*, le 2me *me*, cinquième *grave* de *se*, et le 3me *le*, cinquième *grave* de *me*.
Quel est l'ordre naturel des gammes à bémols ?
L'ordre naturel des gammes à bémols est basé sur leur rapport sympathique. Ce rapport existe quand les primas de deux gammes sont à un intervalle majeur de cinquième en descendant.
Quel est l'espèce de son du prima des gammes à bémols ?
Toutes les gammes à bémols ont pour prima un bémol, excepté celle de fa.

DES MOTS D'ARMURE.

Qu'est-ce qu'un mot d'armure ?
Le mot d'armure est un mot qui se compose de monosyllabes mnémoniques exprimant tout à la fois l'espèce de gamme et les sons intermédiaires qui la composent. Le premier monosyllabe exprime l'espèce, et les autres, les dièses et les bémols permanents. (fig. H.)
Règle générale. — La première syllabe exprime l'espèce de gamme et conséquemment le prima, et les autres les sons intermédiaires qui la constituent, et qui forment conséquemment l'armure.
En connaissant le plus grand mot, lequel porte le numéro 7, on apprendra très-facilement les six plus petits, puisque tous les monosyllabes constituant l'armure sont toujours dans le même ordre.
Nommez les gammes sans armure. Les gammes, etc...., sont, etc., (voyez le tableau).
Récitez les gammes à dièses avec leurs mots d'armure.
Récitez les gammes à bémols avec les mots d'armure.

Gamme à sept dièses, 7. di — fi di bi ri li mi si$_s$
Gamme à six dièses, 6. fi — fi di bi ri li mi.
Gamme à cinq dièses, 5. si — fi di bi ri li.
Gamme à quatre dièses, 4. mi — fi di bi ri.
Gamme à trois dièses, 3. la — fi di bi.
Gamme à deux dièses, 2. rè — fi di.
Gamme à un dièse, 1. bol — fi.
Gamme sans armure, do. et la majeur et la mineur.
Gamme à un bémol, 1. fa — se.
Gamme à deux bémols, 2. se — se me.
Gamme à trois bémols, 3. me — se me le.
Gamme à quatre bémols, 4. le — se me le re.
Gamme à cinq bémols, 5. re — se me le re be.
Gamme à six bémols, 6. be — se me le re be de.
Gamme à sept bémols, 7. de — se me le re be de fe.

Quelle est l'armure des gammes mineures ?
La gamme mineure a pour armure celle de la gamme majeure qui lui est sympathique, c'est-à-dire celle dont le prima est un troisième mineur au-dessous du prima majeur. Ainsi pour avoir le prima d'une gamme mineure et son armure, il suffira de descendre d'un troisième mineur à partir de chaque prima majeur. Exemple : *la* est prima de *la* majeur, donc le prima mineur est *fi*; donc le mot fi-fidibi donne l'espèce de gamme et son armure.

Quelles sont les gammes inusitées?

Du tableau qui précède il faut conclure que les gammes majeures et leurs sympathiques mineures *ri, bi, li*, ne sont pas pratiquées par les instruments; elles n'existent pas non plus pour la vocale, au moins au point de vue théorique, parce que les compositeurs ont pris pour règle d'écrire tout à la fois pour la voix et pour les instruments.

SOLMISATION DES GAMMES.

Comment se divisent les gammes artificielles au point de vue de la solmisation?

Les gammes artificielles au point de vue de la solmisation se divisent en sept groupes, qui portent chacun le nom de gammes homonymes.

Qu'est-ce que des gammes homonymes?

Les gammes homonymes sont des gammes à primas différents, mais dont tous les éléments sont respectivement représentés par les mêmes signes de position. Elles ne diffèrent entre elles que d'un demi-degré ou d'un degré, comme *de, do, di; re, ré, ri*, etc ; dans la solmisation elles sont représentées par la même série monosyllabique.

Combien y a-t-il de groupes de gammes homonymes?

Il y a sept groupes de gammes homonymes, qui sont *de do di, re ré ri, me mi, fa fi, be bol bi, le la li, se si.*

Quelles sont les sept séries monosyllabiques que représentent les gammes homonymes?

Le 1ᵉʳ groupe des gammes homonymes est représenté par *do ré mi fa bol la si do;* le 2ᵐᵉ, par *ré mi fa bol la si do ré;* le 3ᵐᵉ, par *mi fa bol la si do ré mi;* le 4ᵐᵉ, par *fa bol la si do ré mi fa;* le 5ᵐᵉ, par *bol la si do ré mi fa bol;* le 6ᵐᵉ, par *la si do ré mi fa bol la;* et le 7ᵐᵉ, par *si do ré mi fa bol la si.*

RECONNAISSANCE DU PRIMA DE TOUTES LES GAMMES MAJEURES.

Comment reconnaît-on le prima des gammes à dièses?

Le dernier dièse d'une gamme majeure à dièses est toujours septa; donc, le prima ou son huitième est le deuxième aigu du dernier dièse de l'armure. Il suffit donc de monter diatoniquement à partir de ce dernier son jusqu'au 2ᵐᵉ degré, pour le trouver.

Comment reconnaît-on le prima des gammes à bémols?

Le dernier bémol d'une gamme majeure à bémols est toujours quarta, donc, le prima ou son huitième est le 4ᵐᵉ degré grave du dernier bémol de l'armure ; il suffit donc de descendre diatoniquement à partir du dernier bémol jusqu'au 4ᵐᵉ degré.

RECONNAISSANCE DES SEPT ÉLÉMENTS DE TOUTES LES GAMMES MAJEURES.

Quel est le prima (le seconda, le tierça, etc.) des gammes dont le prima commence par un d (de, do, di) (un r, un m, un f, un b, un l ou un s)? (1).

RECONNAISSANCE DES PETITS INTERVALLES DES GAMMES MAJEURES.

Où se trouve le 1ᵉʳ intervalle (le 2ᵐᵉ petit intervalle) des gammes dont le prima commence par un d (un r, etc.)? (1).

RECONNAISSANCE DES PETITS INTERVALLES DES GAMMES MINEURES.

Où se trouve le 1ᵉʳ petit intervalle (le 2ᵐᵉ petit intervalle) des gammes mineures dont le prima commence par un d (un r, etc.)? (2).

RECONNAISSANCE DES SONS HARMONIQUES DE TOUTES LES GAMMES.

Quels sont les sons harmoniques d'une gamme majeure ou mineure?

Les sons harmoniques d'une gamme majeure ou mineure se composent du prima, du tierça, du quinta et du prima huitième. Ces 4 sons forment le fragment mélodique le plus facile à chanter. En le reproduisant, le musicien s'identifie plus facilement avec la gamme dont ils font partie.

Reproduisez les sons harmoniques des gammes majeures (mineures) dont le prima commence par un d (un r, etc.). (2).

DE LA TRANSPOSITION.

Qu'est-ce que la transposition?

La transposition est l'art de traduire un air dans une gamme autre que celle dans laquelle il est écrit.

---

(1) Cette demande peut avoir 49 formes, conséquemment, 49 réponses.
(2) Cette demande peut avoir 14 formes, conséquemment, 14 réponses.

Il y a deux espèces de transposition.

Qu'est-ce que la transposition improvisée ?

La transposition improvisée consiste à reproduire, par la solmisation, ou avec un instrument, un air dans une gamme autre que celle avec laquelle il est écrit.

Le chanteur doit être un habile musicien pour traduire ainsi un air ; cette transposition est pratiquée par les personnes qui, connaissant les différentes clefs, préfèrent employer dans la solmisation des airs majeurs, la seule série : do ré mi fa sol la si do, que de lutter contre les difficultés effrayantes de la variété des séries monosyllabiques.

L'instrumentiste, et surtout celui qui accompagne le chant, est forcé de transposer très souvent, soit parce que l'air peut être trop élevé ou trop haut pour le chanteur ; ou, parce que l'air écrit particulièrement pour un instrument est reproduit par un autre.

Qu'est-ce que la transposition écrite ?

La transposition écrite consiste à écrire un air dans une gamme quelconque, mais différente à celle avec laquelle il existe. Ce travail se présente sans cesse dans la pratique de la musique ; un morceau trop haut ou trop bas, écrit dans une gamme à armure très compliquée, ou écrit pour tel instrument et non pour tel autre, doit être écrit dans une autre gamme, pour la facilité du chanteur ou de l'instrumentiste.

La transposition écrite a des règles qu'un musicien doit connaître.

Quelles sont les règles de la transposition écrite ?

Les règles de la traduction sont toutes mécaniques ; l'art n'y est pour rien, ce n'est qu'une question de mémoire.

Pour transposer graphiquement un air, il faut savoir :

1° Le prima de la nouvelle gamme ;

2° Le nombre de sons intermédiaires qui entrent dans la nouvelle gamme, en d'autres termes, le nombre de dièses ou de bémols qui composent l'armure ;

3° Il faudra écrire au commencement de la portée l'armure, en écrivant d'abord le 1er signe, puis le 2me, etc., en se conformant à la loi de la succession des sons intermédiaires dans l'armure ;

4° Il faudra calculer le nombre de degrés qui existent entre le prima de l'air et celui de la nouvelle gamme, si ces primas ne sont pas exprimés par le même degré, ce qui dans ce cas, est rare. Si le prima de la nouvelle gamme monte ou descend de 1, 2, 3, etc., degrés, tous les sons descendent ou montent du même nombre de degrés ; donc, la tête des chiffres monte ou descend de 1, 2, 3, etc., degrés ;

5° Les dièses et les bémols accidentels sont descendus ou montés du même nombre de degrés que les autres sons ; souvent le double-dièse et le double-bémol considérés comme signes graphiques, servent à le traduire ; ceci a lieu lorsque le son accidentel est exprimé par un degré ayant un son intermédiaire à l'armure.

6° Dans les gammes à dièses, le bécarre détruisant un dièse, est exprimé dans la nouvelle gamme par un bémol ;

7° Dans les gammes à bémols, le bécarre détruisant un bémol, est exprimé dans la nouvelle gamme par un dièse ;

8° Le bécarre ou le double-bécarre détruisant un dièse, ou un double-dièse, un bémol ou un double-bémol accidentels, existe dans la nouvelle gamme, comme bécarre ou double bécarre. Cette règle, relative à un fait difficile à comprendre a besoin d'un corollaire. Lorsque le dièse ou le bémol simples ou doubles existeront, il faut s'assurer si dans la gamme nouvelle le son correspondant à celui qui se trouve affecté du signe accidentel, conserve, avec le deuxième aigu ou grave, le même intervalle ; s'il est mineur dans la gamme primitive, il doit l'être dans la nouvelle gamme, etc.

XIV. — DES AGRÉMENTS PHONIQUES (1).

(Voyez à la fin du solfège).

Qu'entendez-vous par agréments phoniques ?

Un son et un fragment mélodique peuvent recevoir certaines modifications qui ne touchent pas à l'essence de la mélodie. Ces sortes d'agréments sont la conséquence du progrès qu'amène toujours la pratique d'un art. Bien souvent les compositeurs négligent les signes qui les expriment, alors les musiciens doivent avoir assez de goût, et bien connaître l'art musical, s'ils veulent rendre exactement la pensée de l'auteur.

En outre, un ou plusieurs sons accessoires peuvent précéder ou suivre un son constitutif, pour enrichir et embellir la mélodie. La physionomie et quelquefois le geste, jouent un rôle important dans la reproduction d'un chant.

---

(1) J'ai la certitude que les musiciens éclairés qui savent combien cette partie, *les agréments du chant*, est mal présentée dans les solfèges, me sauront gré d'avoir traité cette matière si délicate de manière à arriver promptement à l'intelligence et à la mémoire des élèves.

Le but de ces agréments phoniques est de varier en détruisant la monotonie, de peindre avec plus de vigueur ou de grâce un sentiment de l'âme.

Comment se divisent les agréments phoniques ?
Les agréments phoniques se divisent en trois classes : les *nuances phoniques*, *les sons d'agrément et les expressions morales.*

1. — NUANCES PHONIQUES.

Qu'est-ce que les nuances phoniques ?
Les nuances phoniques sont les différentes manières d'émettre le son : la quantité d'air sorti lentement ou précipitamment des poumons, et la disposition des organes vocaux produisent les nuances.

Comment se divisent les nuances phoniques ?
L'émission du son, comparée à l'émission d'un autre son, peut avoir des rapports d'isolement ou de liaison, c'est-à-dire qu'elle peut être saccadée, articulée, liée, de là, *rapport de l'émission.*

L'émission du son peut être plus ou moins forte, de là, *intensité de l'émission.*

L'intensité du son peut s'accroître ou diminuer progressivement, de là, *intensité progressive de l'émission.*

L'émission peut être claire ou sombre, de là, *timbre de l'émission.*

Pour exprimer les nuances phoniques on emploie les initiales des mots qui les expriment, qu'on place au-dessus ou au-dessous du son.

Si la nuance s'étend sur un fragment mélodique, les initiales doivent être suivies généralement de points qui en déterminent la longueur.

Quels sont les mots qui expriment les rapports de l'émission ?

a. Rapport de l'émission.

L'émission du son peut être :
- Très-articulée . . . Stacatissimo.
- Bien articulée . . . Staccato.
- Articulée . . . . . . Articolato.
- LIÉE . . . . LEGANDO.
- Bien liée . . . . . Legato.
- Très-liée . . . . Legatissimo.

Nota. — Les mots composant la série des six modifications ci-dessus, sont placés dans un ordre gradué; ils expriment donc toutes les nuances intermédiaires qui se trouvent entre les sons très articulés et ceux qui sont très-liés.

2. Les sons produits naturellement sont liés.

Quels sont les mots qui expriment l'intensité de l'émission ?

b. Intensité de l'émission.

L'intensité du son peut être :
- Très-forte . . . . . Fortissimo.
- Bien forte . . . . . Forté.
- Forte . . . . Mezzo-forte.
- DOUCE . . . . . . DOLCE.
- Bien douce . . . . Dolcissimo, piano.
- Très-douce . . . . Pianissimo.

Avec ces mots simples on forme les composés suivants : forte-piano qui signifie, fort, puis, doux; piano-forte qui signifie, doux, puis, fort.

Le mot *intensité* signifie la force d'une action, comparée à la force d'une autre action, dans des circonstances semblables. L'intensité du son n'est donc que le volume d'air concourant à la production du son, ou, en termes moins techniques, le bruit produit par le son. Cette intensité est donc plus ou moins grande.

Nota. — 1. Les mots composant la série des six modifications ci-dessus sont placés dans un ordre gradué; ils expriment donc toutes les nuances intermédiaires qui se trouvent entre l'émission la plus forte et l'émission la plus douce.

2. Les sons produits naturellement sont doux.

Quels sont les mots qui expriment l'intensité progressive de l'émission ?

c. Intensité progressive de l'émission.

L'intensité progressive de l'émission est exprimée par les mots :
- Renforcement . Rinferzando ou crescendo.
- Affaiblissement. Sforzando, descrescendo ou calendo.
- En mourant . . Morendo ou smorzando.

Explication. — 1. Une progression est une série de quantités ayant entre elles des rapports toujours égaux. Ainsi des quantités, dont la grandeur sera exprimée successivement par les chiffres 1, 2, 3, 4, etc., seraient progressives.

2. L'intensité progressive de l'émission peut être croissante ou décroissante. Les deux mots qui expriment ces nuances, sont : le renforcement et l'affaiblissement.

Le *renforcement* consiste à modifier l'émission du son en commençant très-doucement, et en la rendant progressivement plus forte jusqu'à la fin du son ou du dernier son du fragment mélodique. Il est annoncé par un angle dont le sommet est à gauche.

L'*affaiblissement* consiste à modifier l'émission du son en commençant très-fortement et ne la rendant progressivement plus forte jusqu'à la fin du son ou du dernier son du fragment mélodique. Il est annoncé par un angle dont le sommet est à droite.

3. Souvent le renforcement est suivi immédiatement de l'affaiblissement; alors, c'est un double fragment mélodique dont l'émission devient progressivement plus forte jusqu'au milieu, et progressivement plus faible depuis le milieu jusqu'à la fin. Il est annoncé par un losange.

Quels sont les mots qui expriment le timbre de l'émission?

d. Timbre de l'émission.
Le timbre de l'émission peut être : { Clair. — Chiaro.
{ Sombre. — Rombando.

2. — SONS D'AGRÉMENT.

Qu'est-ce que les sons d'agrément?

Les sons d'agrément sont des sons accessoires qui précèdent ou qui suivent un son essentiel à la mélodie. Les compositeurs les emploient pour enrichir et embellir un air : ils peuvent être supprimés par les élèves peu exercés sans pour cela le dénaturer.

Ils doivent être facilement reconnus, c'est pour cela qu'ils sont exprimés par des chiffres rhythmiques plus petits que ceux qui représentent les sons constitutifs.

Combien y a-t-il d'espèces de sons d'agrément?

Il y a six espèces de sons d'agrément, qui sont :
l'appogiature, le port de voix, le groupetto, le trille, le mordant et les fioritures. (fig. K.)

a. — DE L'APPOGIATURE.

Qu'est-ce que l'appogiature?

L'*appogiature* est un son d'agrément qui précède un son constitutif. Il est à l'aigu ou au grave de ce dernier. S'il est à l'aigu, il s'appelle *appogiature en dessus;* dans ce cas, on passe du doux au fort; s'il se trouve au grave, il s'appelle *appogiature en dessous;* dans ce cas, on passe du fort au doux.

La durée de l'appogiature est la moitié du son principal.

Il ne faut pas confondre ce son d'agrément avec les sons très-liés. L'appogiature est porté à l'unisson du son principal, tandis que, dans les sons très-liés, la voix passe, pendant leur durée, du premier son au deuxième, en se traînant en quelque sorte sur le premier, ou en d'autres termes, en y arrivant chromatiquement.

b. — PORT DE VOIX OU PORTAMENTO.

Qu'est-ce que le port de voix?

Le *port de voix* est un, ou quelquefois deux sons aigus ou graves d'un son principal, placés avant et quelquefois après, et très-liés à celui-ci, disjointement et quelquefois diatoniquement.

Leur durée est un peu moins de la moitié de celle de ce dernier. Le port de voix est toujours disjoint quand il précède; quand ce son est diatonique, alors c'est un appogiature.

La liaison du port de voix est telle qu'on *porte* la voix jusqu'au son principal, pour le reproduire en quelque sorte deux fois.

Le fragment, ou entre le port de voix, est un affaiblissement s'il précède; il peut être aussi un renforcement; s'il suit, il est encore un affaiblissement.

c. — GROUPETTO.

Qu'est-ce que le groupetto?

Le *groupetto* est un fragment de trois ou quatre sons diatoniques placés généralement avant le son constitutif auquel ils sont unis, et quelquefois après. L'un de ces sons est un degré au-dessus du son principal, un autre, un degré au-dessous, et le 3me, sur le même degré; quand il y a quatre sons, deux sont à l'unisson du son constitutif. Le groupetto peut être naturel, chromatique ou enharmonique.

d. — TRILLE.

Qu'est-ce que le trille?

Le *trille* est un fragment de sons d'agrément formé par deux sons : qu'on appelle principal, et son second, aigu ou grave, répétés plusieurs fois et très-vite. Il se fait sur le septa lorsqu'il est suivi du prima; sur le quarta, s'il est suivi du tierça; sur le fi, s'il est suivi du quarta; sur le se, s'il est suivi du sixta.

e. — MORDANT.

Qu'est-ce que le mordant ?

Le *mordant* est un fragment de sons d'agrément qui tient le milieu entre le groupe et le trille. Les sons qui le composent sont généralement très-articulés, aussi, est-il appelé mordant. Les sons constitutifs qui font partie du fragment ont une durée courte, le contraire a lieu dans le trille.

f. — FIORITURES.

Qu'est-ce que les fioritures ?
Les *fioritures* se composent d'une série de sons nombreux très-liés et indépendants d'un son constitutif. Ils existent après un point d'arrêt, à la fin d'une phrase, ou d'un morceau de composition. Les sons qui les composent n'ont pas de valeur arithmétique temporaire, mais ils s'exécutent avec une rapidité en rapport au talent du chanteur et au caractère du morceau de musique. Les fioritures se font généralement sur une seule syllabe.

3. — DES EXPRESSIONS MORALES.

Qu'est-ce que les expressions morales ?
Les couplets d'une romance, d'une chansonnette, etc., quand ils sont bien faits, ont des rapports avec une pièce dont le charme dépend de la mise en scène ; de l'imagination et de la sensibilité de l'auteur.

Le chanteur doit donc varier sa physionomie selon les divers sentiments qui peuvent naître des couplets qu'il chante.

Voici les mots ou les expressions qui annoncent les circonstances plus ou moins dramatiques déduites de la nature du sujet.

Ces expressions adverbiales considérées isolément, semblent offrir à l'élève des difficultés. C'est dans ce cas-là surtout, où le goût et l'esprit du chanteur doivent être mis en évidence ; au reste, le sens de la mélodie et la connaissance du fragment affectée d'un *mot d'expression*, rendent facile la connaissance de la signification de ce mot.

Comment se divisent les expressions morales ?
Ces mots se divisent en cinq classes relatives aux diverses situations de l'âme :
1° Les nuances des émotions ordinaires ; 2° les nuances de l'amitié ; 3° Les nuances de la joie ; 4° Les nuances de la colère ; 5° Les nuances de la douleur.

Donnez la liste de quelques mots d'expression :

Amore	d'une manière tendre.	Furioso	avec emportement.
Amoroso	avec passion.	Irresoluto	d'une manière irrésolue.
Disinvoltura	laisser-aller.	Lamento	souffrance.
Dolente	plaintif.	Maesta	avec majesté.
Dolore	avec douleur.	Melodioso	d'une manière douce.
Espressione	expression.	Mezza-voce	chanter à demi-voix.
Festissimo	joyeusement.	Scherzando	exécution légère.
Resoluto	résolu.		
Piamente	expression empreinte de piété.		

DU RHYTHME (1).

I. — CONSIDÉRATIONS GÉNÉRALES SUR LE RHYTHME.

Qu'est-ce que le rhythme ?
Le rhythme est une succession de durées relatives variées et combinées de manière à nous procurer des sensations agréables.

Le rhythme peut exister sans la reproduction du son : le bruit régulier du tambour, des coups donnés par un objet contondant sur une table, peuvent donner des rhythmes tellement faciles à saisir par l'oreille, qu'on peut faire danser. Le rhythme est donc indépendant du son comme celui-ci est indépendant de celui-là ; mais l'un et l'autre savamment combinés, forment une double puissance qui agit sur notre organisation physique.

Dans la plupart des mélodies, le rapport entre les durées est facile à saisir : l'une est égale à l'autre ; ou la première peut être la $1/2$, le $1/4$, le $1/8$, le $1/16$, ou le $1/3$, le $1/6$, le $1/12$, le $1/24$ de celle qui suit ou de celle qui précède.

En quoi consiste la science du rhythme ?
Toute la science du rhythme consiste à saisir instantanément le rapport qui existe entre deux nombres ; dire par exemple, ce qu'est 1, 2, 3, 4, 5, 6, 7, 8, comparé à un nombre plus fort, ou ce qu'est 48, 36, 32, 24, 16, 12, comparés à des nombres plus petits.

Dans les cas ordinaires les rapports sont très-faciles à saisir ; dans les cas exceptionnels, on les comprendra encore assez facilement, vu qu'étant toujours exprimés par les mêmes chiffres on aura l'occasion de les chercher dans l'étude du solfège.

Récitez la table rhythmique. (fig. L.)

---

(1) Le rhythme signifie aussi mesure. Je consacre le mot mesure, à la désignation des durées d'une barre de mesure à une autre, et des mouvements isochrones que le musicien fait avec la main ou le pied.

II. — DES SIGNES DES DURÉES MUSICALES.

Comment exprime-t-on les durées musicales?
La durée des sons et des silences est représentée par des chiffres autres que ceux qui sont pratiqués dans les usages de la vie. Les chiffres musicaux sont au nombre de seize, sept pour les durées de sons, portant le nom de *chiffres articulés*, et neuf pour les durées des silences, portant le nom de *chiffres inarticulés*. Les plus grands nombres de ces chiffres primordiaux peuvent être affectés d'un ou de plusieurs points, ou d'un arc, pour en augmenter la valeur.

INDICATION DE LA FORME DES CHIFFRES RHYTHMIQUES.

Qu'est-ce que les chiffres articulés et inarticulés créés en 1400?
Les chiffres articulés sont des signes conventionnels destinés à exprimer la durée des sons et à déterminer en même temps, par leurs têtes, les postures phoniques de la portée. Les chiffres inarticulés sont aussi des signes conventionnels destinés à exprimer seulement les durées des silences.

CHIFFRES RHYTHMIQUES exprimant la durée des sons.	CHIFFRES RHYTHMIQUES exprimant la durée des silences.
Indiquez le nom et la forme des chiffres articulés. (fig. M.)	*Indiquez le nom et la forme des chiffres inarticulés.*
Le 32 est un ovale;	Le 32 est un parallélogramme sous la ligne;
Le 16 est un ovale à queue;	Le 16 est un parallélogramme sur la ligne;
Le 8 est un gros point à queue;	Le 8 est un sept renversé;
Le 4 est un gros point à crochet;	Le 4 est un sept;
Le 2 est un gros point à 2 crochets;	Le 2 est un sept à 2 crochets;
Le 1 est un point à 3 crochets;	Le 1 est un sept à 3 crochets;
Le 1/2 est un point à 4 crochets.	Le 1/2 est un sept a 4 crochets;

Le bâton est un carré de la grandeur d'un interligne · il exprime un silence de la valeur de deux mesures. Le double bâton, qui a de hauteur deux interlignes, exprime un silence de la valeur de quatre mesures.

Quels signes additionnels emploie-t-on pour augmenter la valeur des chiffres musicaux?
Pour augmenter la valeur de la plupart des chiffres musicaux, et pour exprimer conséquemment les variétés innombrables des durées musicales, on emploie le point, le double-point, le triple-point, qui se placent après les chiffres, et l'arc qui se place au-dessus de deux chiffres.

Le *point* placé après un chiffre donne un nombre composé qui équivaut au chiffre primitif, plus la moitié de ce même signe;

Le *double-point* placé après un chiffre donne un nombre composé qui équivaut au signe primitif, plus la moitié et le quart de ce signe, c'est-à-dire les *trois-quarts*;

Le *triple-point*, placé après un chiffre, donne un nombre composé qui équivaut au signe primitif, plus la moitié, le quart et le huitième de ce signe, c'est-à-dire les *sept huitièmes*;

Le *quadruple-point*, placé après un chiffre, donne un nombre composé qui équivaut au signe primitif, plus la moitié, le quart, le huitième et le seizième du signe primitif, ou en d'autres termes, les quinze seizièmes.

La syncope, qui est la réunion de deux chiffres primordiaux, a lieu quand le point ou les groupes de point ne peuvent pas donner un nombre usité dans les durées musicales : ils sont dans ce cas surmontés d'un arc qui, dans ce cas, est un signe additionnel, lequel annonce que le 2me doit être ajouté au 1er par la pensée; il ne détermine donc pas un son nouveau, mais seulement il augmente la durée du son déterminé par le premier.

Un groupe de trois chiffres et quelquefois de six est surmonté d'un arc au milieu duquel il y a un 3 ou un 6; les trois chiffres ne comptent que pour deux, et les six pour quatre; le 1er s'appelle triolet, et le 2me sextolet.

III. — DES SIX ESPÈCES DE RHYTHMES.

Combien y a-t-il de genres de rhythmes?
Il y a deux genres de rhythmes : le genre octaval et le genre duodécimal.

DU GENRE OCTAVAL.

Qu'est-ce que le genre octaval?
Le genre octaval est celui dont l'unité de temps est exprimée par 8. Ainsi un son qui dure une unité de mesure a pour signe de durée un 8; donc les durées plus petites seront exprimées par des nombres plus petits, et les durées plus longues, par des nombres plus grands.

Combien y a-t-il d'espèces de rhythmes octavals?
Il y a trois espèces de rhythmes octavals : le *binaire*, le *ternaire* et le *quaternaire*.
La mesure octavale binaire, ou plus simplement la mesure 3 fois 8, est celle qui se compose de deux unités octavales ; donc la somme des durées de cette mesure est 16.
La mesure octavale ternaire, ou plus simplement la mesure 3 fois 8, est celle qui se compose de trois unités octavales, donc la somme des durées de cette mesure est 24.
Le rhythme octaval quaternaire, ou plus simplement la mesure 4 fois 8, est celle qui se compose de 4 unités octavales ; donc la somme des durées de cette mesure est 32.
Comment se complètent les mesures incomplètes?
Nota. — Il arrrive souvent que la première et la dernière mesure d'une mélodie, ne renferment pas la somme rhythmique indiquée par l'espèce de mesure ; mais dans ce cas il y a toujours répétition du commencement du chant ; alors la mesure finale incomplète, complète la première mesure. Cette observation s'applique aux mesures duodécimales.

DU GENRE DUODÉCIMAL.

Qu'est-ce que le genre duodécimal?
Le genre duodécimal est celui dont l'unité de temps est exprimé par 12. Ainsi un son qui dure une unité de mesure, a pour signe de durée 12 ; donc les durées plus petites sont exprimées par des nombres plus petits, et les durées plus longues, par des nombres plus grands.
Combien y a-t-il d'espèces de rhythmes duodécimaux?
Il y trois espèces de rhythmes duodécimaux : le *binaire*, le *ternaire* et le *quaternaire*.
Le rhythme duodécimal binaire, ou plus simplement la mesure 2 fois 12, est celle qui se compose de 2 unités duodécimales ; donc la somme des durées de cette mesure est 24.
Le rhythme duodécimal ternaire, ou plus simplement la mesure 3 fois 12, est celle qui se compose de trois unités duodécimales ; donc la somme des durées de cette mesure est 36.
Le rhythme duodécimal quaternaire, ou plus simplement la mesure 4 fois 12, est celle qui se compose de 4 unités duodécimales ; donc la somme des durées de cette mesure est 48 (1).
Que dites-vous de la double valeur des mots binaire, ternaire et quaternaire?
Nota. — 1° Quelquefois les mots *binaire*, *ternaire*, *quaternaire*, ont une valeur indépendante du genre de rhythme : on dit la mesure binaire ; ce chant est à trois temps : ce morceau se joue à quatre temps, en parlant indistinctement du genre octaval ou duodécimal.
Récitez le résumé des six espèces de mesure. (voyez fig. N.)
Quels signes emploie-t-on pour exprimer les six espèces de mesures?
Les six mesures 2 fois 8, 3 f. 8, 4 f. 8, 2 f. 12, 3 f. 12, et 4 f. 12 et celles qui en dérivent, lesquelles sont peu pratiquées, ont un signe indicateur qu'on place au commencement de la portée. Ce signe exprime sous une forme fractionnaire une ou plusieurs parties de 32. Le dénominateur exprime une partie de 32 et le numérateur, exprime combien cette partie est répétée dans chaque mesure..
Ainsi les mesures. . . . . 2 f. 8, 3 f. 8, 4 f. 8, 2 f. 12, 3 f. 12 et 4 f. 12
Sont indiquées respectivement par. 2/4, 3/4, 4/4, 6/8, 9/8 et 12/8.

IV. — ADDITION AUX SIX ESPÈCES DE RHYTHMES.

1. RHYTHMES HÉTÉROGÈNES.

Qu'est-ce que les mesures hétérogènes?
Les mesures hétérogènes sont des mesures duodécimales qui se trouvent intercalées entre des mesures octavales, ou des mesures octavales qui se trouvent intercalées entre des mesures duodécimales ; ce qui, dans ce dernier cas, est très-rare, et très-commun dans le premier.
Ainsi une ou plusieurs mesures 2 fois 12 intercalées entre des mesures 2 fois 8, ou une ou plusieurs mesures 2 fois 8 intercalées entre des mesures 2 fois 12, forment des rhythmes hétérogènes. L'observation de ces mesures n'exige rien de la mémoire, seulement elle demande un peu d'attention.

2. RHYTHMES MIXTES.

Qu'est-ce que les rhythmes mixtes?
Les rhythmes mixtes sont ceux qui étant du même genre se composent de mesures d'espèces

---

(1) Toutes ces dénominations ont de précieuses qualités : 1° elles sont courtes ; 2° le premier chiffre éveille l'espèce et le second le genre ; 3° elles se rapportent à nos connaissances arithmétiques ; 4° écrites en chiffres, elles ne prennent que l'espace de trois lettres ; elles n'exigent qu'un faible travail de mémoire.

différentes. Ainsi une ou plusieurs mesures 2 fois 8 intercalées entre des mesures 3 fois 8, ou *vice versâ*, forment des rhythmes mixtes.

3. BIZARRERIES RHYTHMIQUES.

Indiquez les bizarreries rhythmiques.
Il peut arriver, 1° que 5 ou 7 sons égaux en durée, forment un temps, ce qui est très-rare ; 2° qu'un fragment de 3 ou de 6 sons égaux en durée, appelée triolet ou sextolet, équivalent à la durée de 2 ou de 4, et ne forment pas une unité ; le compositeur a dû placer un nombre au milieu du fragment, lequel exprime la durée totale de tous les sons du fragment.

Comment reconnaît-on l'espèce de rhythme ?
L'examen des premières mesures d'un chant suffit pour connaître l'espèce de rhythme, si on ignore la valeur du signe fractionnaire 2/4, 3/4, etc., etc., qui se trouve toujours au commencement de la mélodie. Les mesures 3 f. 2 et 2 f. 12 offrent seules une difficulté : il suffira d'apporter un peu plus d'attention sur le signe fractionnaire qui est de 3/4 ou 6/8. — Il existe plusieurs autres mesures anciennement usitées et pratiquées encore, mais rarement, par quelques compositeurs, comme 2 f. 8, 3 f. 8, etc., etc., ces variétés inutiles pour l'expression des durées musicales, n'offrent pas de difficultés sérieuses : il suffit de savoir si elles sont binaires, ternaires ou quaternaires.

V. — DU MOUVEMENT MUSICAL.

Qu'est-ce que le mouvement musical ?
Le mouvement musical est le temps long ou court qu'on met pour faire une unité de mesure. Cette unité est à peu près de 2/8 de seconde, dans sa plus petite durée, et de 6/8, dans sa plus longue : dans le premier cas, le mouvement musical est très accéléré, et dans le second, très lent.

De quoi se sert-on pour déterminer le mouvement musical ?
Pour déterminer le mouvement musical on se sert d'un nombre métronimique ou d'un mot rhythmique.

Qu'est-ce que le nombre métronimique ?
Le nombre métronimique est le nombre déterminé par la petite coulisse ou entre le balancier d'un métronome ; il indique mathématiquement la durée des unités rhythmiques. Le métronome est un instrument qui donne, à l'aide d'un mécanisme, tous les mouvements usités dans la musique. Le nombre métronomique se place au commencement d'un air : pour en apprécier la valeur, il faut avoir un métronome. Les compositeurs qui n'emploient pas ces nombres, se servent des mots rhythmiques.

Qu'est-ce que les mots rhythmiques ?
Les mots rhythmiques expriment vaguement le mouvement musical : il faut une longue pratique de la musique pour en apprécier la valeur. Les voici dans un ordre gradué :

Grave,	*Grave.*	Modéré,	*Moderato.*
Large,	*Largo.*	Gracieusement,	*Grazioso.*
Lent,	*Lento.*	Vivement,	*Allegretto.*
Soutenu,	*Sostenuto.*	Bien vivement,	*Allegro.*
Un peu large,	*Larghetto.*	Très vivement,	*Scherzo.*
Posément,	*Adagio.*	Très vivement,	*Vivace.*
Majestueusement,	*Maestoso.*	Vite,	*Presto.*
Doucement,	*Affettuoso.*	Très vite.	*Prestissimo.*
Doucement,	*Andante.*		

VI. — OBSERVATION DU RHYTHME.

Qu'est-ce qu'observer le rhythme ?
Observer le rhythme signifie faire durer chaque son et chaque silence un temps relatif exprimé par le nombre rhythmique.

Qu'a-t-on fait pour faciliter l'observation de la mesure ?
Pour faciliter l'observation de la mesure on a créé la mesure, l'unité rhythmique, les divisions de la mesure, les mouvements isochrones, la langue rhythmique, le rhythme chanté, et les chœurs rhythmiques.

1° DE LA MESURE.

Qu'est-ce que la mesure ?
Les mélodies se composent de phrases qui ont entre elles certains rapports. Les phrases ou parties de phrases se composent généralement de quatre fragments mélodiques qui varient

en longueur, et qui sont plus ou moins isolés : ces fragments portent le nom de mesures; parce qu'elles servent à mesurer la longueur temporaire d'une mélodie. En effet, supposez qu'un chant se compose de 32 mesures et que chacune dure une seconde, si le rhythme est bien observé, le chant devra être reproduit dans 32 secondes.

Dans le plus grand nombre de cas, huit mesures forment une phrase mélodique, et quatre, une partie de phrase.

Les compositeurs déterminent graphiquement ces mesures, en plaçant aux extrémités une ligne perpendiculaire qu'on appelle *barre de mesure*, comme dans la langue française, les grammairiens intercalent, entre les signes de ponctuation, des éléments de phrase. L'attention du musicien par ce moyen se trouve soulagée, puisqu'elle ne se porte que sur une portion très-petite de la mélodie.

2° DE L'UNITÉ RHYTHMIQUE.

Qu'est-ce-que l'unité rhythmique?

L'unité rhythmique est une durée conventionnelle, temporairement indéterminée, mais déterminée par un mouvement de métronome, ou par le musicien qui fait pour cela deux, trois ou quatre mouvements isochrones avec la main ou le pied. L'un de ces mouvements est une unité rhythmique qui sert de terme de comparaison, pour la valeur des nombres rhythmiques.

L'unité rhythmique porte le nom d'unité de temps ou plus simplement le nom de temps; ainsi au lieu de dire : deux, trois ou quatre unités, on dit : deux, trois ou quatre temps.

3° DIVISION DE LA MESURE.

Qu'est-ce-que la division de la mesure?

Pour faciliter encore l'observation du rhythme, le compositeur doit diviser la mesure, toutes les fois que la variété des sons le permet, en deux, trois ou quatre parties, selon que la mesure est binaire, ternaire ou quaternaire, qu'on sépare pour cet effet, en laissant entre eux un grand espace, et en rapprochant les signes phoniques qui composent le temps.

4° DES MOUVEMENTS ISOCHRONES.

Qu'entend-on par mouvements isochrones?

Pour mieux observer la mesure et conséquemment le rhythme, on fait avec le pied droit ou la main droite divers mouvements dans des temps égaux.

Pour la mesure binaire on fait deux mouvements en suivant deux fois de haut en bas et de bas en haut, la direction d'une ligne perpendiculaire imaginaire; le premier temps se fait en baissant la main, et l'autre, en la levant.

Au début on dit *frapper, lever*; plus tard, 1, 2; ensuite on ne dit rien.

Pour la mesure ternaire on fait trois mouvements en suivant la direction d'un triangle imaginaire dont le sommet est dirigé vers le haut; on baisse la main, puis on la dirige vers la droite, ensuite on la lève en revenant au point d'où l'on est parti.

Au début on dit : *frapper, à droite, lever*; plus tard, 1, 2, 3; ensuite, rien.

Pour la mesure quaternaire on parcourt deux fois un angle droit imaginaire ; on baisse la main, on la dirige vers la gauche, on revient par le même chemin sur la droite, puis on la lève.

Les commençants doivent dire : *frapper, à gauche, à droite, lever*, plus tard, 1, 2, 3, 4; ensuite, rien.

5° DE LA LANGUE RHYTHMIQUE.

Qu'est-ce-qu'une langue rhythmique? (fig. O.)

Une langue rhythmique est une série de mots représentant toutes les durées des sons. Cette langue a pour but : 1° d'isoler complètement la science rhythmique de la science phonique; de l'incorporer en quelque sorte à l'arithmétique, afin de donner par là une précision plus mathématique à l'exécution musicale ; 2° de mettre tout professeur connaissant les éléments de l'arithmétique, à même d'enseigner la science du rhythme; 3° de faciliter d'une manière étonnante l'étude de la mesure; 4° de faciliter l'intonation en rendant simple une étude complexe ; c'est-à-dire en s'exerçant d'abord aux difficultés du rhythme, pour porter ensuite une attention plus sérieuse sur les difficultés phoniques.

Cette langue est à l'observation de la mesure, ce qu'est la solmisation à la connaissance d'un air.

Règle unique. — Les nombres, exprimant les durées des sons, s'articulent, dans les exercices rhythmiques, en les nommant plus ou moins vite selon leur valeur numérique déterminée par les mouvements binaires, ternaires ou quaternaires. Exemple : Si le nombre 16 compose une mesure binaire, on met deux temps pour dire *seize*.

Nota. — 1° Le 4 s'appelle *te;* le 1 s'appelle *le;* la 1/2, *de;* 2° les nombres forts qui ont certain nombre de syllabes se nomment en articulant la première ou les deux premières syllabes : 24 s'articule vingt....., 32, tren...:., 48, quaran....., 36, tren..... Ces nombres, au reste, sont à peu près les seuls dont les dénominations soient légèrement modifiées; 3° les nombres exprimant les durées des silences ne se nomment pas.

Exemple de la langue rhythmique relatif à la mesure binaire.

1er et 2e temps.	1er t.	2e t.	1er t.	2e t.	1er t.		2e t.	
16	8	8	4 4	4 4	2 2	2 2	6	2
sei....ze.	huit	huit	te te	te te	deux deux	deux deux	six	deux, etc.

6° RHYTHME CHANTÉ.

Qu'est-ce-que le rhythme chanté?

Le rhythme chanté est une série de mesures exclusivement rhythmiques, qu'on chante en supposant au-dessous les éléments de la gamme majeure ou mineure, et en faisant les mouvements isochrones.

On commence d'abord à la hauteur du do; arrivé à la fin de la phrase, on revient au commencement sans discontinuer, mais à l'unisson du rè, ainsi de suite jusqu'au do huitième.

On peut descendre, si le professeur le juge convenable, comme on est monté.

Avant de chanter ainsi ces exercices rhythmiques, on doit nommer les nombres en mesure, en pratiquant la langue rhythmique. (fig. O.)

7° CHŒURS RHYTHMIQUES.

Qu'est-ce-que des chœurs rhythmiques?

Il est indispensable, dans l'étude des faits musicaux si nombreux, de ne présenter à l'esprit de l'élève que des difficultés exclusivement rhythmiques ou phoniques.

Dans les exercices rhythmiques, nous avons dû chercher le moyen de rendre les opérations abstraites et fatigantes de calcul plus agréables, nous avons ajouté quelques sons n'offrant aucune difficulté dans leur reproduction et lesquels cependant jettent quelques charmes sur la pratique aride de la mesure. Ces exercices sont propres à préparer les élèves à chanter en chœur.

Première règle. — Les sons dans chaque partie suivent toujours un ordre diatonique et durent toujours une mesure.

Deuxième règle. — Ils donnent l'intonation du langage rhythmique des mesures qui les suivent.

VII. — DES AGRÉMENTS RHYTHMIQUES.

A quoi servent les agréments rhythmiques?

Les modifications du mouvement musical qui n'ont lieu qu'en ralentissant ou en accélérant le mouvement primitif, sont très fréquentes dans la musique moderne. Elles ont pour but d'exprimer avec plus de perfection les différentes nuances de sentiment que le compositeur a voulu peindre. Elles sont donc propres à fixer l'attention des auditeurs et à varier les impressions qu'une mélodie trop monotone, dans ses mouvements, ne saurait produire.

TABLEAU DES AGRÉMENTS RHYTHMIQUES.

Donnez la liste des agréments rhythmiques.

	très vite,	*velocissimo.*
	bien vite,	*rapidissimo.*
Chanter	vite,	*veloce.*
ou	MÉTRONIMIQUEMENT,	A TEMPO.
Jouer	lentement,	*tarcetto, lento, dolentissimo.*
	bien lentement,	*tarcio.*
	très lentement,	*tardissimo.*
	(irrégulièrement),	*temporabato.*

Nota. — 1° Les mots : tempo giusto, à tempo, métronimiquement, indiquent le mouvement primitif; riténuto signifie : aller moins vite;

2° Les mots composant la série des six modifications rhythmiques sont placés dans un ordre gradué : ils expriment tous les mouvements intermédiaires entre le mouvement *très-vite* et le mouvement *très-lent;*

3° Le mouvement général d'une mélodie est métronimique;

4° Les six mots ci-dessus n'ont pas de valeur absolue, ils expriment une modification du mouvement mathématique indiqué par le numéro du métronome ou le mot rhythmique.

Comment se divise le mouvement progressif?

Le mouvement progressif se divise en { accélération progressive, *acceleramento progressivo*
ralentissement progressif, *ralentamento progressivo.*

Explication. — L'accélération progressive consiste à changer à chaque son la durée de l'unité de temps en la rendant toujours plus petite.

Le ralentissement progressif consiste à changer à chaque son la durée de l'unité de temps en la rendant plus longue. La longueur de cette accélération ou de ce ralentissement est indiquée par la nature du sujet. Généralement cette progression du mouvement est inséparable de la progression dans le même sens de l'intensité de l'émission du son.

Les huit expressions ci-dessus, étant vagues de leur nature, ne doivent être considérées que comme une indication d'un mouvement modifié : le musicien ayant la pratique de la musique doit s'identifier avec la mélodie, afin de lui donner un sens convenable.

Les compositeurs doivent déterminer, par un nouveau nombre métronimique, le changement du mouvement musical, lorsque la modification est très-sensible.

VIII. — FAITS MUSICAUX RELATIFS AU SON ET AU RHYTHME.

1° DES RÉPÉTITIONS.

Qu'entendez-vous par répétitions ?

Afin de ne pas augmenter l'écriture musicale inutilement, on emploie quelques signes de répétition, qui annoncent qu'une phrase ou un fragment mélodique, doit être répété : de la facilité dans la lecture musicale et économie dans l'impression.

1° Pour indiquer qu'on doit répéter immédiatement une phrase mélodique ou une portion de phrase, on met à la fin une barre affectée de deux points; ou un O coupé par deux lignes qui se croisent. Plusieurs autres signes sont usités, mais la pratique de la musique les fera reconnaître facilement. Le mot *Al segno*, signifie revenir au signe, et *Da capo*, signifie revenir au commencement du morceau ou du signe.

2° Un fragment final peut-être modifié par suite de la répétition d'un fragment qui peut le précéder ; le dernier est affecté des mots : première fois, deuxième fois ou troisième fois.

2° DES ABRÉVIATIONS.

Qu'est-ce que les abréviations musicales ?

Les abréviations se composent de la première ou des premières lettres des mots qui forment la technologie musicale. La plupart de ces lettres ont rapport aux nuances phoniques, aux termes d'expression et aux modifications du mouvement musical. La pratique de la musique les fera connaître.

TABLE DES MATIÈRES.

	Pages.
Préface	1

SON.

Définitions et divisions	2
Du son en général	2
De la gamme ou des sons générateurs	2
Des intervalles	4
Du diapason	5
Du diagramme	5
De la portée	6
Des clefs	6
Des sons intermédiaires	7
De la gamme majeure et de la mineure	8
Des séries chromatiques	9
De la série enharmonique	9
Des modulations	10
Des dix-sept espèces de gammes majeures et des dix-sept mineures	10
Des agréments phoniques	13

RHYTHME.

Considérations générales sur le rhythme	16
Des signes des durées musicales	17
Des six espèces de rhythmes	17
Addition aux six espèces de rhythmes	18
Du mouvement musical	19
Observation du rhythme	19
Des agréments rhythmiques	21
Faits musicaux relatifs au son et au rhythme	22
Planches explicatives	23
Exercices phoniques et rhythmiques	25

Typ. Jules-Juteau, rue St-Denis, 341.

BIBLIOTHEQUE NATIONALE DE FRANCE

3 7531 00536430 3

www.ingramcontent.com/pod-product-compliance
Lightning Source LLC
Chambersburg PA
CBHW060728050426
4245ICB000I0B/1676